Alana Wulff

GIRL POWER

Traduit de l'anglais (Australie)
par Laureline Chaplain

hachette
ROMANS

L'édition originale de cet ouvrage a paru en Australie chez Nero,
an imprint of Schwartz Publishing Pty Ltd, sous le titre :

GIRLISH

Traduit de l'anglais (Australie) par Laureline Chaplain.

Illustration de couverture : Diglee.

Illustrations de Frances Cannon pages 11, 63, 85, 147, 169.

Images fournies par Freepik : pages 24, 68.

Images fournies par Shutterstock : Africa studio p. 102 ; anburoshausu p. 178 ; aPhoenix-Photo pages 92, 118 ; Art-Hunters p. 59 ; ArthurStock p. 113, 155 ; astarina p. 179 ; atsurkan p. 117 ; Azovtsev Maksym p. 70 ; babayuka p. 39 ; BeataGFX p. 65 ; Becky Starsmore p. 151 ; Brilliantst Studios p. 174 ; Charcompix pages 57, 108 ; CK2 Connect Studio p. 159 ; designelements p. 163 ; Diego G Diaz, p. 4 ; Eight Photo p. 90 ; Evgeny Karandaev p. 72 ; Evil Pixels Photography p. 144 ; fascinadora p. 104 ; Frannyanne p. 86 ; Greenety p. 97 ; GooseFrol p. 105; happydancing pages 54, 102 ; Heidi Besen p. 43 (en haut, à gauche) ; I am Kulz pages 130, 183 ; iliveinoctober p. 166 ; ikkker p. 67 ; indigolotos p. 162 ; inxti p. 88 ; Jenpol Sumatchaya p. 83 ; Jiri Hera pages 71, 140 ; Karen Roach p. 152 ; Katya Havok pages 93, 106 ; Kostikova Natalia p. 143 ; Kris Tan p. 173 ; ksusha27 pages 79, 186 ; life morning p. 190 ; Litho Scratch p. 157 ; Litvin Diana p. 29 ; Lunatictm p. 129 ; Iuri stepanov p. 128 ; Mallmo pages 74, 192 ; Maksim Striganov p. 175 ; Maxx Satori p. 15 ; Nadezda Barkova p. 145 ; nadytok p. 160 ; NataLT p. 127 ; Natannee.P, p. 191 ; Number1411 p. 33 ; pro-stockstudio p. 168 ; rawpixel.com pages 95, 140 ; Ricky LK p. 184 ; Robert Eastman p. 42 ; Roman Sotola p. 110 ; Ryumin Maksim p. 136 ; SAQUIZETA p. 61 ; Shannon West p. 43 (en bas) ; Simikov pages 44, 156 ; slim p. 177 ; StockStudio p. 115 ; surachet khamsuk pages 13, 23, 60 (paillettes bleues), 77, 107, 109, 123, 150 ; TANAKORN TO-TABTHAI pages 46, 60 (paillettes dorées), 178 ; Tasiania p. 21, 26, 28, 30 ; Tendo p. 120 ; Thankes.Op p. 125 ; timquo pages 187, 188 ; tomertu pages 35, 180 ; VADISH ZAINER p. 101 ; vanilla22 p. 170 ; Wayne0216 p. 91 ; Yamabika, p. 99 ; yul38885 p. 100 ; Yurta pages 146, 181.

Images fournies par Stocksy : STOCKVANSAR p. 94 ; Good Vibrations Images p. 111 ; Tais Ramos Varela p. 149 ; Wendy Laurel p. 185.

Image fournies par Unsplash / Laura Ockel p 47.

L'éditeur tient à remercier Amélie Foulatier pour son travail.

Hachette Livre, 58 rue Jean-Bleuzen, 92170 Vanves.

CE LIVRE APPARTIENT À :

....

C'EST L'ANNÉE DE MON ....e ANNIVERSAIRE

J'ADORE ÊTRE UNE FILLE PARCE QUE : ....

....

....

MAIS PARFOIS ÇA M'AGACE QUAND : ....

....

LE DERNIER COMPLIMENT QUE J'AI REÇU, C'EST : ....

....

LE DERNIER COMPLIMENT QUE J'AI FAIT, C'EST : ....

....

LE PLUS IMPORTANT À MES YEUX, C'EST : ....

....

MA DEVISE DANS LA VIE, C'EST : ....

....

....

COMMENT JE VAIS CHANGER LES CHOSES : ....

....

....

Pour toutes celles
qui gardent la tête haute,
refusent de se taire, et participent
à un mouvement en expansion constante
contre les inégalités, le sexisme et l'oppression.
Les filles, on vous voit, on vous entend.
Vous êtes formidables.

COMMENT PROFITER AU MAXIMUM DE CE LIVRE

Lis chaque page et, quand tu es prête, ajoute tes réponses. Prends ton temps : pas la peine de te presser. Quand tu auras fini d'écrire, de gribouiller et de dessiner dans ce journal, réfléchis à ta définition du féminisme. Est-ce que ton point de vue a évolué ? Parles-en autour de toi et rejoins le combat pour l'égalité des genres. La suite ne dépend que de toi.

« La femme naît libre et demeure égale à l'homme en droits. »

Olympe de Gouges

Femme de lettres française, Marie Gouze, dite Olympe de Gouges, est l'une des pionnières du féminisme français.

On lui doit, en pleine Révolution, la Déclaration des droits de la femme et de la citoyenne, mais elle a également pris parti pour l'abolition de l'esclavage.

Être une fille, c'est le pied !

Chacune de nous est unique, et nous venons de tous les horizons. Mais quelles que soient nos différences, toutes les filles du monde ont un point commun : le droit à l'égalité.

À travers l'histoire, des femmes de tous âges, de toutes origines et religions se sont battues sans relâche contre les inégalités et la discrimination. Elles ont versé sang, sueur et larmes pour que les femmes obtiennent le droit de voter, de travailler, d'être propriétaires, de diriger une entreprise et de disposer librement de leurs corps. Pour nous offrir la possibilité de choisir et de prendre nous-mêmes les décisions qui régissent nos vies.

Arriver à ce stade n'a pas été facile et, pour des millions de femmes sur la planète, le combat continue. Nous avons accompli beaucoup de choses ; pourtant, nous devons encore batailler pour bénéficier des mêmes opportunités que les hommes. Pour que nos voix ne soient pas ignorées. Et ce n'est pas normal. Heureusement, les jeunes filles d'aujourd'hui se sont investies dans le changement avec la même passion que les générations précédentes. Et cela signifie qu'à présent, c'est notre tour de prendre la relève – d'améliorer les choses, pour nous, nos amies, nos familles et les filles à venir. J'espère que ce livre fera naître un feu en toi. À dire vrai, ce feu existe sans doute déjà. Si tu as été traitée différemment au prétexte que tu es une fille, si tu as été ignorée, confrontée à la discrimination sur les réseaux sociaux ou dans la vraie vie, alors une grande partie de ce livre devrait te parler. Peut-être n'as-tu pas vécu ces expériences directement, mais en as-tu été témoin chez d'autres. Peut-être que tu en as marre et que ça ne date pas d'hier.

“Je veux sortir, rire un peu, faire des courses et sauver le monde de ses épouvantables démons. En fait, la vie d'une jeune fille rangée.”

—Buffy

LE FÉMINISME,
CE N'EST PAS
RÉDUIRE
LES DROITS
DES HOMMES ;
C'EST
AMÉLIORER
LES DROITS
DES FEMMES.

Courage, force et bien-être
FORCE

Pourquoi parle-t-on tant de féminisme ?

Certaines croient que le féminisme se résume à exhiber fièrement ses poils, bannir le maquillage, brûler son soutien-gorge et haïr tous les hommes. Malheureusement, des TAS de gens ignorent que, sans le féminisme, les femmes n'auraient toujours pas le droit de voter, de s'orienter vers la carrière de leurs rêves ou d'être les seules maîtresses de leurs corps.

Le féminisme n'a rien d'effrayant. Ce mouvement pour l'égalité a le pouvoir de changer les vies de filles et de femmes dans le monde entier. Une féministe se bat au nom de TOUTES les femmes. Parce que, franchement, comment crier victoire quand tant d'autres restent laissées pour compte ? Bien sûr que le féminisme lutte contre les inégalités hommes-femmes, mais il va au-delà. Il ne concerne pas seulement les femmes des classes moyennes dans les pays développés, mais toutes les femmes, quelle que soit leur couleur de peau ou leur orientation sexuelle, qu'elles soient cisgenres, non-binaires, transsexuelles ; bref, le féminisme défend toutes celles que le patriarcat désavantage ou rejette. La militante et auteure Gloria Steinem l'a bien dit : « Quiconque croit en la pleine humanité et en l'égalité des hommes et des femmes est féministe. » Et où est le mal là-dedans, hein ?

BOUM !

LES FEMMES REPRÉSENTENT

52 %

DE LA POPULATION MONDIALE.

« Certains s'interrogent : "Pourquoi le mot féministe ? Pourquoi ne pas dire que l'on soutient les droits de l'homme, et voilà tout ?" Parce que cela serait malhonnête. Le féminisme fait partie des droits de l'homme. Mais utiliser une expression aussi vague, c'est renier les problèmes spécifiques et exclusifs liés au genre. »

Chimamanda Ngozi Adichie

Adichie est une auteure nigériane qui a publié trois romans, des nouvelles et des essais. Lors d'une conférence TED en 2012, son discours *Nous sommes toutes des féministes* a connu un tel succès qu'elle l'a ensuite retranscrit dans un essai publié sous le même titre.

Le savais-tu ? En 2013, Beyoncé a inclus des parties de ce discours dans son grand hit *Flawless*.

Entoure les phrases qui te correspondent le plus.

Je ne connais rien au féminisme,
mais j'ai hâte d'apprendre.

Je connais quelques trucs sur le féminisme,
mais pas assez.

Je suis une experte en féminisme et je veux
encourager les autres filles à rejoindre nos rangs.

J'en ai ras-le-bol d'être traitée
différemment des garçons.

J'ai besoin d'inspiration pour me lancer
et changer la donne.

J'en ai TROP MARRE
de ne pas être prise au sérieux.

Je ne me sens pas en sécurité et ça m'épuise.

Je veux aider chaque fille à s'exprimer librement.

L'oppression et les inégalités, c'est du pipeau.

Je suis le futur,
le changement commence avec moi.

« Le féminisme, ce n'est pas un recueil de règles, mais une discussion. Une conversation. Une évolution. »

Tavi Gevinson

Après le succès de son blog *Style Rookie* alors qu'elle n'avait que douze ans, Tavi Gevinson est devenue la fondatrice et rédactrice en chef de *Rookie*, un site Internet dédié aux adolescents, riche en pop culture, féminisme, conseils de vie et de bien-être. Tavi a fait un tel carton qu'elle a été nommée dans la célèbre liste de Forbes *30 under 30* qui rend hommage aux jeunes talents. Depuis, elle s'est même tournée vers le métier d'actrice !

LES DROITS DES FEMMES SONT DES DROITS HUMAINS

Écris les cinq premiers mots qui te viennent à l'esprit quand tu penses au mot « féminisme ». Comme ça, sans réfléchir !

1

2

3

4

5

Maintenant, propose le même exercice aux femmes de ton entourage : ta mère, tes tantes, tes voisines et tes amies. Quels mots ont-elles trouvés ? Les mêmes que toi ? Et quand tu demandes aux garçons de ta famille ? Discuter de féminisme avec ses proches, c'est entamer une conversation très importante.

Lorsque John Adams a rédigé la constitution des États-Unis en 1776, sa femme, Abigail Adams, l'a mis en garde :

« Si un soin et une attention particulière ne sont pas accordés aux dames, nous aurons à cœur de fomenter une rébellion sans nous soucier de lois qui voudraient nous laisser sans voix ni représentation. »

C'était à prévoir : John n'a pas écouté. Et pourtant, il était prévenu.

En scène, les Anciennes !

Bien avant l'époque d'Instagram, de Tumblr, de Snapchat et des téléphones toujours prêts à enregistrer et à diffuser chaque instant de nos vies, il y a eu des manifestations, des cortèges et des batailles pour assurer aux générations futures un monde où les filles n'auraient pas à souffrir de la domination masculine.
Ces mouvements historiques ont changé les droits des femmes. Peut-être es-tu déjà calée en histoire du féminisme, mais si c'est nouveau pour toi ou que tu as besoin d'un rappel, en voilà un petit résumé…

Même si des féministes existaient déjà parmi les premières femmes, on évoque généralement trois mouvements, ou vagues, dans l'histoire du féminisme (sans compter toutes les micro-actions du quotidien chaque fois qu'on remet en question les préjugés sexistes et qu'on affronte le système #etouais).
Ces trois vagues concernent principalement des pays occidentaux : l'Angleterre, les États-Unis, le Canada et l'Australie, ce qui est loin d'inclure toutes les femmes, pas vrai ?

La première vague

Pour faire simple, vers la fin du XIXe siècle et jusqu'au début du XXe, les femmes étaient privées du droit de vote, de propriété, et même de l'accès aux études supérieures, réservées aux garçons. Non seulement elles n'avaient pas leur mot à dire, mais en plus, elles ne pouvaient rien posséder. Les féministes de la première vague, parfois appelées les suffragettes, ont résolu de se mêler de politique : elles obtiendraient le droit de vote, quitte à déplaire à certains.

Aux alentours de 1848, des femmes déterminées, dont Elizabeth Cady Stanton, se sont réunies lors de la Convention de Seneca Falls, à New York, où elles ont rédigé *La Déclaration des sentiments*. Cette impressionnante déclaration définissait les objectifs de leur mouvement, le féminisme. Soixante-dix ans plus tard, en 1920, les Américaines obtiennent enfin le droit de vote. Ça te paraît long ? Les Françaises ont dû ronger leur frein jusqu'en 1944 pour obtenir ce droit, qu'elles avaient pourtant commencé à réclamer… dès la Révolution !

« Je songe, avec une infinie gratitude, que les jeunes femmes d'aujourd'hui ne sauront jamais ce que leur liberté d'expression, y compris dans l'espace public, nous a coûté. »

Lucy Stone, 1893

Lucy Stone était une féministe du XIXe siècle, connue pour avoir gardé son nom de famille après le mariage. #respect

BOUM !

EN 1893,
LA NOUVELLE-
ZÉLANDE A ÉTÉ
LE PREMIER PAYS
À ACCORDER
LE DROIT DE VOTE
AUX FEMMES.
EN ARABIE
SAOUDITE, LES
FEMMES N'ONT
OBTENU CE DROIT
QU'EN 2015.

TA VOIX

Tu n'as pas encore l'âge de voter, d'accord, mais tu sais déjà à quel point c'est agréable lorsque les autres écoutent et prennent en compte ton avis. À l'inverse, lorsqu'ils t'ignorent et décident à ta place... c'est insupportable !

A-t-on déjà ignoré ce que tu avais à dire parce que tu es une fille ? Comment as-tu répondu ? Aurais-tu voulu réagir autrement ?

« Naître fille ne doit plus fatalement équivaloir à de moindres opportunités dans la vie, ni à entraver la liberté de se choisir un destin, et de le réaliser selon son mérite, ses capacités, ses envies et son travail, et non plus, selon son sexe et les préjugés qu'on y attache.»

Najat Vallaud-Belkacem

En 2014, Najat Vallaud-Belkacem, d'origine marocaine, est devenue la première Française à obtenir le poste de ministre de l'Éducation nationale. Auparavant, elle fut ministre des Droits des femmes.

La deuxième vague

Libération ! Hauts les cœurs ! La deuxième vague est sans doute la plus connue, car les images de femmes brûlant leur soutien-gorge et tressant les poils de leurs jambes sont enracinées dans notre imaginaire collectif. Certaines le faisaient sans doute. Tant mieux pour elles ! Blague à part ? Les autodafés de soutiens-gorge tiennent surtout de la légende. Dans les années 1960-1970, des militantes et des auteures comme Gloria Steinem, Betty Friedan, Dorothy Pitman Hughes et Maya Angelou ont aidé les femmes à sortir de leur cocon – et de la cuisine. La deuxième vague du féminisme est née de la notion qu'être une femme ne se limite pas au rôle de bobonne, toujours prête à servir un verre à son mari qui revient du travail pour glisser les pieds sous la table. Cette fois, on s'intéressait au plan légal et social, à la discrimination des sexes, l'inégalité salariale, le droit à l'avortement, la représentation au sein du gouvernement, les violences domestiques et le rôle de la femme en dehors de la sphère privée.

Malgré les pas de géant accomplis par la deuxième vague, certains estiment que le mouvement s'est essoufflé en raison de divisions internes. Au lieu de présenter un front uni – Noires, Blanches, hétérosexuelles, homosexuelles, toutes issues de diverses classes sociales – les féministes se sont tournées les unes contre les autres. Quel gâchis de talents et d'efforts !

« L'équité économique donne beaucoup de pouvoir aux femmes. Posséder un emploi, une source de revenus, leur offre plus de poids et des rapports plus équitables dans le processus politique. Une femme qui gagne sa vie gagne aussi de la considération, de sa part et de celle des autres. »

Betty Friedan

Betty Friedan est l'auteure du super roman *La femme mystifiée* qui s'attaque au rôle de la femme au sein du foyer. En 1964, son livre s'est vendu à plus d'un million d'exemplaires ; il est souvent considéré comme le point de départ de la deuxième vague.

La troisième vague

Quelle drôle d'époque que les années 1980-1990 ! Tout d'un coup, des femmes qui bénéficiaient pourtant des victoires obtenues par le passé et auraient dû se revendiquer féministes refusaient d'être associées à ce mouvement. Le remue-ménage des années 1960-1970 était loin d'avoir plu à tout le monde. Beaucoup faisaient la grimace à l'idée de protester ou de se laisser pousser les poils, comme si c'était une condition obligatoire au féminisme. Elles préféraient se maquiller, porter des talons et avoir de jolies coiffures. N'ayez aucune crainte, mesdames ! Mettre du rouge à lèvres n'empêche personne d'être féministe !

Les féministes de la troisième vague – celles qui ne comptaient pas en rester là – affichaient fièrement des principes nouveaux. Elles avaient hérité les acquis de la deuxième vague mais voulaient faire les choses à leur manière. Elles ont redéfini le féminisme de façon à inclure les femmes de tous les horizons, de toutes les couleurs de peau, religions, classes sociales et plus encore. Dans cette période de l'histoire, le plus grand changement a été la transformation du féminisme : ce qui était jusqu'alors un mouvement est devenu un sport solo. Ces guerrières se sont prises en main pour défendre leurs propres intérêts. À cette époque, le monde a voulu nous convaincre que nous n'avions plus besoin du féminisme. Après tout, nous avions le droit de voter et de travailler à présent, alors que demander de plus ? Désolée, les gars, la liste est encore longue.

Pizza > patriarcat !

Quatrième vague ?

Ah, ça y est, c'est ton tour. Et l'impact que tu auras ne dépend que de toi. Pour ta génération déjà très au courant de ces choses-là, le plus important à garder en tête, c'est que LE FÉMINISME EST POUR TOUT LE MONDE. Le secret, c'est d'inclure. Si l'on veut changer la donne, alors il n'y a pas à hésiter : le féminisme doit être accessible à tous. C'est pour ça que ce mouvement ne tire pas uniquement sa force du nombre de ses adeptes ou de sa longévité, mais aussi des femmes uniques et époustouflantes qui se proclament féministes dans le monde entier. En 2017, la Marche des Femmes a parfaitement illustré ce dont nous sommes capables lorsque, solidaires, nous unissons nos forces dans le même combat. Il n'y a jamais eu de manifestation d'une telle ampleur dans l'histoire politique, et c'est nous qui l'avons menée ! D'ailleurs, ta génération possède un atout singulier par rapport aux précédentes. Eh oui, les réseaux sociaux. C'est presque un retour aux longs cortèges de la deuxième vague, mais en bien mieux, puisque tu peux contrôler la façon dont tu seras entendue, entrer en contact avec qui tu veux dans le monde, et agir depuis n'importe où. Et je ne parle même pas de Beyoncé, sacrée veinarde !

#thefutureisfemale

« Au lieu d'appeler les féministes "féministes", on devrait appeler les personnes qui ne sont pas féministes "sexistes", et tous les autres des humains, tout simplement. Il y aurait les gens normaux d'un côté et les sexistes de l'autre. »

Maisie Williams

Maisie Williams est surtout connue pour son rôle d'Arya Stark dans la série télé *Game of Thrones* : une jeune fille indépendante, débrouillarde, bref, une nana qui en jette !

PROTÈGE
LES ENFANTS
TRANS
PROTÈGE
LES JEUNES FILLES
PROTÈGE
LES FEMMES
ÂGÉES
PROTÈGE
LES ADOS QUEER
PROTÈGE
LES FILLES DE
COULEUR
PROTÉGEZ-VOUS
LES UNS LES
AUTRES.

« Quand on est une personne marginalisée, une femme de couleur et/ou appartenant à la communauté LGBTQI+, tous nos actes, jusqu'à notre existence même, deviennent politisés. »

Amandla Stenberg

Amandla Stenberg est une actrice et militante célèbre, qu'on a pu voir dans *Hunger Games* ou, plus récemment, *Everything, Everything*. Elle a fait les gros titres en 2016 lorsqu'elle a annoncé sa bisexualité sur le compte Snapchat de *Teen Vogue*.

Si tu ne les défends pas toutes,

tu n'en défends aucune.

« Les femmes qui sont à la croisée de plusieurs oppressions sont à l'avant-garde de la lutte. Elles sont – nécessairement – intersectionnelles du fait de leur expérience de la féminité doublée d'une autre source de possible relégation. Être une femme handicapée, pauvre, sans papiers, LGBTQIA, non Blanche, issue d'une religion minoritaire… c'est être exposée quotidiennement aux conséquences de multiples sources d'exclusions. Cela confère la conscience plurielle d'enjeux divers et simultanés. Le grand nombre de ces femmes appelle plus que jamais à la prise de conscience des femmes privilégiées quant aux priorités de celles qui se trouvent dans des positions plus fragiles. Une indispensable solidarité. »

Rokhaya Diallo

Auteure, journaliste et réalisatrice, Rokhaya Diallo milite quotidiennement contre le racisme et le sexisme au sein d'associations et au moyen de diverses plates-formes médiatiques. En 2012, le Conseil pour la Justice, l'Égalité et la Paix lui décerne le Prix de la lutte contre le racisme et la discrimination.

DES FEMMES À CONNAÎTRE

Voici une liste de femmes qui ont fièrement contribué au mouvement féministe. Combien en connais-tu ? Entoure-les et fais des recherches sur les autres. Est-ce que d'autres noms te viennent en tête ?

Mary Wollstonecraft

Madonna

Elizabeth Cady Stanton

Betty Friedan

Tegla Loroupe

Gloria Steinem

Sheryl Sandberg

Emmeline Pankhurst

Bell Hooks

Malala Yousafzai

Coretta Scott King

Amandla Stenberg

Olympe de Gouges

Elizabeth Blackwell

Maya Angelou

Beyoncé

Sojourner Truth

Alice Walker

Emma Watson

Simone de Beauvoir

Hillary Clinton

Tavi Gevinson

Eleanor Roosevelt

Oprah Winfrey

Rowan Blanchard

Marlene Dietrich

Ruth Bader Ginsburg

Chimamanda Ngozi Adichie

À quels moments de l'histoire du féminisme aurais-tu voulu prendre part ? Pourquoi ?

LES FILLES MÈNENT LA DANSE !

« N'aie pas peur
de faire des histoires.
Ça montre que tu agis...
Il faut des agitatrices,
des moutons noirs,
des gens pour changer
le monde. »

Eva Cox

Eva Cox est une écrivaine, féministe et sociologue, née en Australie. Quand elle était adolescente, son père avait l'habitude de la taquiner en lui demandant, à elle et ses amies, ce qu'elles avaient fait pour sauver le monde. #sanspression

Le privé est politique

Au commencement de chaque révolution, il y a une idée, un geste. Où te mèneront tes premiers pas ? Pas besoin d'accomplir des prouesses ni de t'arracher les cheveux. Tu peux simplement décider de te répéter des choses positives tous les jours, de discuter avec tes professeurs pour améliorer l'environnement de ta classe ou de lire quelques livres en plus. Il faut savoir marcher avant de courir.

1.

2.

3.

4.

5.

Imagine que tu participes à une manifestation féministe. Dessine ta pancarte. À quoi ressemble-t-elle ? Y as-tu inscrit un symbole ? Des mots poignants ? Un message personnel ? Comment reflète-t-elle ta personnalité ?

Tu voudrais contribuer au changement dans ta ville mais tu ne sais pas vers qui te tourner ? N'aie pas peur de viser haut ! Contacte tes représentants locaux et parle-leur des problèmes auxquels les filles sont confrontées.

« Le monde dans lequel on vit, c'est le monde que nos ancêtres ont construit. Malheureusement, il y a beaucoup de choses qui doivent changer. Parfois, on me demande comment je garde l'espoir qu'un jour, ce monde devienne celui où je voudrais vivre. C'est simple : je fais tout mon possible pour que ça arrive. Peut-être que je ne serai pas là pour le voir. Ce n'est pas grave. Si chacun fait des efforts, les générations futures, au moins, le verront, et c'est tout ce qui compte. »

La Carologie

Sur sa chaîne YouTube *La Carologie*, Carolina, jeune Suissesse de 21 ans, poste ses réflexions sur le féminisme, la spiritualité et le développement personnel. En deux ans, elle a déjà posté quelque 180 vidéos, et a su rassembler près de 190 000 followers !

On veut pas de MECS.
On VEUT
un salaire égal
ET
du bon son.

L'IMPORTANCE DU LANGAGE

On le sait, l'inégalité entre les genres commence tôt dans la vie. Pourquoi l'expression « comme une fille » est-elle perçue comme une insulte, alors qu'on encourage les garçons à se comporter « comme des hommes » ? Pourquoi complimenter l'intelligence des garçons et le joli minois des filles ?

Qu'on le veuille ou non, les phrases ont des sens cachés qui nourrissent nos préjugés : elles excusent le mauvais comportement des garçons ; pire, elles en tiennent les filles pour responsables. Des phrases toutes faites comme « Tu devrais être flattée », « Il t'embête parce qu'il t'aime bien » ou encore « Les garçons sont comme ça » insinuent que les filles ne devraient pas se braquer face aux garçons qui les importunent, et que ceux-ci sont d'ailleurs dans leur bon droit. C'est le commencement d'un jeu « à qui la faute » où les filles partent toujours avec un désavantage.

Tu te demandes peut-être pourquoi c'est si important. Parce que depuis toujours, dans le monde entier, ce qu'on dit influence la façon dont les femmes sont perçues, traitées et estimées. En utilisant des mots qui nous unissent au lieu de nous diviser, ou qui ne soient pas genrés, nous donnons à tout le monde l'opportunité d'être écouté et respecté. La manière dont nous parlons des filles, de leurs succès et de leurs ambitions doit se baser sur un langage qui nous met tous sur un pied d'égalité.

« Je ne joue pas les patrons. Je *suis* le patron. »

Beyoncé

Queen Bey a été décrite par un critique du *New Yorker* comme « l'artiste la plus importante et la plus fascinante du XXIe siècle ».

QUAND ELLE ENTEND…	ELLE SE DIT…
C'est un vrai gendarme, celle-là.	Je ne devrais pas être aussi affirmée.
On ne peut rien lui dire.	Je ne devrais pas donner mon avis.
Pourquoi t'es si coincée ?	Je ne devrais pas fixer de limites.
C'est une Madame Je-Sais-Tout.	Je ne devrais pas dire des choses qui me font paraître intelligente.
Elle est un peu garçon manqué.	Je ne devrais pas être moi-même. Je ne devrais pas faire des sports que j'apprécie. Je devrais être plus féminine. Je ne devrais pas m'habiller comme je veux. Je suis jugée selon mon apparence.
C'est une petite princesse.	Je ne devrais pas être moi-même. Je devrais être moins féminine. Je ne devrais pas m'habiller comme je veux. Je suis jugée selon mon apparence.

Tiré de *L'Interprète à Excuses* du gouvernement australien, qui décode les paroles misogynes et dangereuses souvent utilisées pour justifier les violences faites aux femmes.

« NON » est une phrase complète.

« Yoga, thérapie, carnets, listes et Post-it, coaching personnel… Les femmes s'organisent chacune dans leur coin pour jongler entre leurs trop nombreuses responsabilités. Tant que nous, femmes, ne changeons pas ce cadre dans lequel nous nous débattons, rien ne changera. Discutons, fédérons-nous, oui, mais ensemble, pour créer la société dans laquelle nous n'aurons plus besoin de lutter. »

Emma

Tu as sûrement entendu parler d'Emma : c'est elle qui a dénoncé la « charge mentale », ou la pression de la gestion du foyer au quotidien, qui repose souvent exclusivement sur les épaules des femmes. Depuis, elle a publié deux bandes dessinées intitulées *Un autre regard*.

Si tu n'aimes pas recevoir des insultes et des commentaires désagréables, abstiens-toi d'en faire.

« Une chose que vous ne me verrez jamais faire, c'est porter un jugement sur l'apparence, la sexualité, ou l'appartenance ethnique de quelqu'un. »

Lorde

Le vrai nom de Lorde est Ella Marija Lani Yelich-O'Connor, et elle est née en Nouvelle-Zélande en 1996. Tu connais la suite.

Parfois, des mots ou des expressions servent uniquement à blesser ou à rabaisser. En voici quelques-uns, associés aux femmes, qui ont des connotations péjoratives :

Blonde
Princesse
Facile
Planche à pain
Pleurnicheuse
Bagarreuse

Je-Sais-Tout
se battre comme une fille
Aguicheuse
Hautaine
Hystérique
Mijaurée

En connais-tu d'autres ?

Pas la peine de mecspliquer !

On a toutes connu ces moments insupportables où un garçon veut t'expliquer quelque chose que tu sais déjà, comme s'il te faisait une faveur, parce qu'à l'évidence, il s'y connaît mieux que toi. Argh, cette manie de mecspliquer ! Ce néologisme français vient de l'anglais *mansplaining*. Le dictionnaire Merriam-Webster le définit ainsi : « Lorsqu'un homme parle de façon condescendante à quelqu'un (surtout une femme) à propos d'un sujet en dehors de son champ d'expertise, ou en croyant, à tort, être plus savant que la personne à qui il s'adresse. »

La prochaine fois qu'un mec veut te faire la leçon, tu n'auras qu'à lui balancer une de ces répliques :

1. « Je n'ai pas besoin que tu m'expliques. »
2. « Tu peux arrêter de m'interrompre ? Merci. »
3. « Et donc, c'est quoi ta question ? »
4. « C'est ce que je viens de dire. »
5. « À moins que je te le demande, tu n'as pas besoin de m'expliquer quoi que ce soit. »

Ou, comme on le dit :
« Parle à ma main. »

As-tu d'autres idées de répliques pour te défendre ?

....

....

....

Rédige une liste de mots gentils et encourageants
que tu aimerais dire plus souvent.
Pas d'idées ?
Pense à la façon dont tu décrirais ta meilleure amie
ou quelqu'un que tu admires.

LES SECRETS DU RESPECT :

SOIS BIENVEILLANTE ENVERS TOI-MÊME.

SOUTIENS LES AUTRES FEMMES.

TU ES À LA HAUTEUR DE TOUT CE QUE TU ENTREPRENDS.

HABILLE-TOI COMME TU VEUX.

NE TE LAISSE PAS INTIMIDER.

DIS CE QUE TU PENSES.

ENCOURAGE LES AUTRES.

UTILISE TA VOIX POUR CHANGER LES CHOSES.

N'ACCEPTE PAS LES INÉGALITÉS.

EXPRIME TES OPINIONS EN PUBLIC ET EN PRIVÉ.

FAIS-TOI VOIR ET ENTENDRE.

Marguerite Durand

Qu'a fait Marguerite Durand pour passer de jeune comédienne admirée à la risée de Paris ? En 1897, elle lance le premier quotidien « féministe » et « exclusivement réalisé par des femmes » : *La Fronde*. Les hommes s'insurgent… Peu importe les critiques, Marguerite Durand persévère, et heureusement ! Les campagnes de *La Fronde* permirent aux femmes d'obtenir quelques droits (assister aux débats parlementaires, être admises à l'école des Beaux-Arts, etc.).
Elle tentera ensuite de se présenter aux élections législatives (sans succès) et organisera le Congrès des Droits des Femmes lors de l'Exposition Universelle de 1900.
Le savais-tu ? À Paris, la bibliothèque Marguerite-Durand est consacrée à la cause des femmes. Véritable centre de documentation féministe, on y trouve toutes les ressources que Marguerite Durand possédait. Un lieu à ne pas manquer si tu es de passage dans la capitale !

Être célèbre sur Insta c'est comme être riche au Monopoly.

À VOS CLAVIERS

Les réseaux sociaux : une scène de choix pour parler ensemble de féminisme.

Selon ses statistiques, Twitter a vu les discussions sur le féminisme augmenter de 300 % au cours de ces trois dernières années.

À la suite de la performance de Beyoncé au VMA, où le mot « féministe » était projeté sur scène, les tweets comportant ce terme ont augmenté de 64 %, tandis que ceux comportant le mot « féminisme » ont presque doublé après le discours #HeForShe d'Emma Watson.

Like-moi si tu m'aimes

Difficile de savoir à quoi s'attendre sur Internet. Un jour on est entouré par une communauté bienveillante d'amis et d'alliés, le suivant il faut se défendre contre des trolls et des brutes qui jouent la carte de l'intimidation. Exister sur la toile et y donner son opinion (comme nous le faisons quasiment toutes et tous), c'est une opportunité de s'exprimer, de soutenir des mouvements qui nous passionnent et de se rapprocher de ceux qui partagent nos opinions, partout sur Terre. Le revers de la médaille, c'est que nous y sommes aussi exposées aux menaces, au sexisme, au racisme, aux insultes sur notre corps ou notre sexualité, et j'en passe. Une situation d'autant plus rageante quand on sait que les adolescents passent en moyenne neuf heures par jour sur Internet. Pas étonnant alors que les crises d'angoisse et les dépressions grimpent en flèche.

Quand tout va bien, les liens virtuels que nous créons avec d'autres personnes peuvent être électrisants. Mais quand les réseaux sociaux nous encouragent à nous comparer les uns aux autres et nous exposent au cyberharcèlement, bonjour les dégâts. Entre une vision irréaliste de ce à quoi notre corps « devrait » ressembler, le poids du regard des autres et la crainte de ne pas être dans le coup, notre estime de soi est mise à mal au point de nous faire perdre de vue ce qui compte réellement dans la vie.

Naturellement
parfaite

LUI : SI TU
M'AIMAIS
VRAIMENT,
TU M'ENVERRAIS
UNE PHOTO SEXY.

MOI : SI TU ME
RESPECTAIS
VRAIMENT,
TU NE ME LE
DEMANDERAIS
PAS.

Faut être guignol pour être un troll.

« Quand on est témoin de harcèlement, en ligne ou ailleurs, on ne peut pas rester un témoin. Soit on fait partie du problème, soit on fait partie de la solution. Et là-dessus, tout le monde peut agir, et tout le monde a un poids énorme. Il faut crier plus fort notre contentement, notre soutien ou juste notre présence, parce que notre voix résonnera plus fort, plus loin. »

Marion Séclin

Toi aussi tu as découvert Marion Séclin grâce au Studio Bagel ou à Madmoizelle.com ? Cette jeune auteure et comédienne, très présente sur Internet, a dénoncé au TEDxChampsÉlyséesWomen le cyberharcèlement dont elle a été victime. Un témoignage à mettre entre toutes les mains !

Ta vie sur Internet

Te comportes-tu de la même façon sur le Net
et dans la vie de tous les jours ?

En quoi ton identité change-t-elle sur Internet ?

T'es-tu déjà sentie obligée de créer une fausse
version de toi-même à exposer au reste du monde ?

Heureusement,
Internet regorge aussi de bonnes choses !
Quelles sont les personnes
que tu adores suivre ?
De qui ne peux-tu pas te passer ?

PAS DE RÉSEAU

Pour beaucoup d'entre nous, qui avons grandi avec un accès constant à Internet, il est facile d'oublier que ce privilège n'est pas universellement partagé. Les adolescents qui n'en bénéficient pas sont privés d'opportunités d'éducation et de futurs emplois potentiels, ainsi que des interactions avec d'autres jeunes de leur âge. C'est le cas de beaucoup de femmes dans les pays en voie de développement, à qui on refuse l'accès à Internet pour des raisons politiques, économiques et technologiques. Sans victimiser ces personnes, nous devons les aider à être entendues. Un bon moyen pour cela est d'encourager les autres filles à véhiculer d'importants messages d'égalité sur les réseaux sociaux, en faisant attention à ce que le militantisme ne se fasse pas exclusivement sur la toile, et en continuant de débattre des inégalités de genre. Plus on s'exprime, plus on est difficile à ignorer. Les réseaux sociaux doivent servir à répandre des messages positifs, pas des slogans de haine.

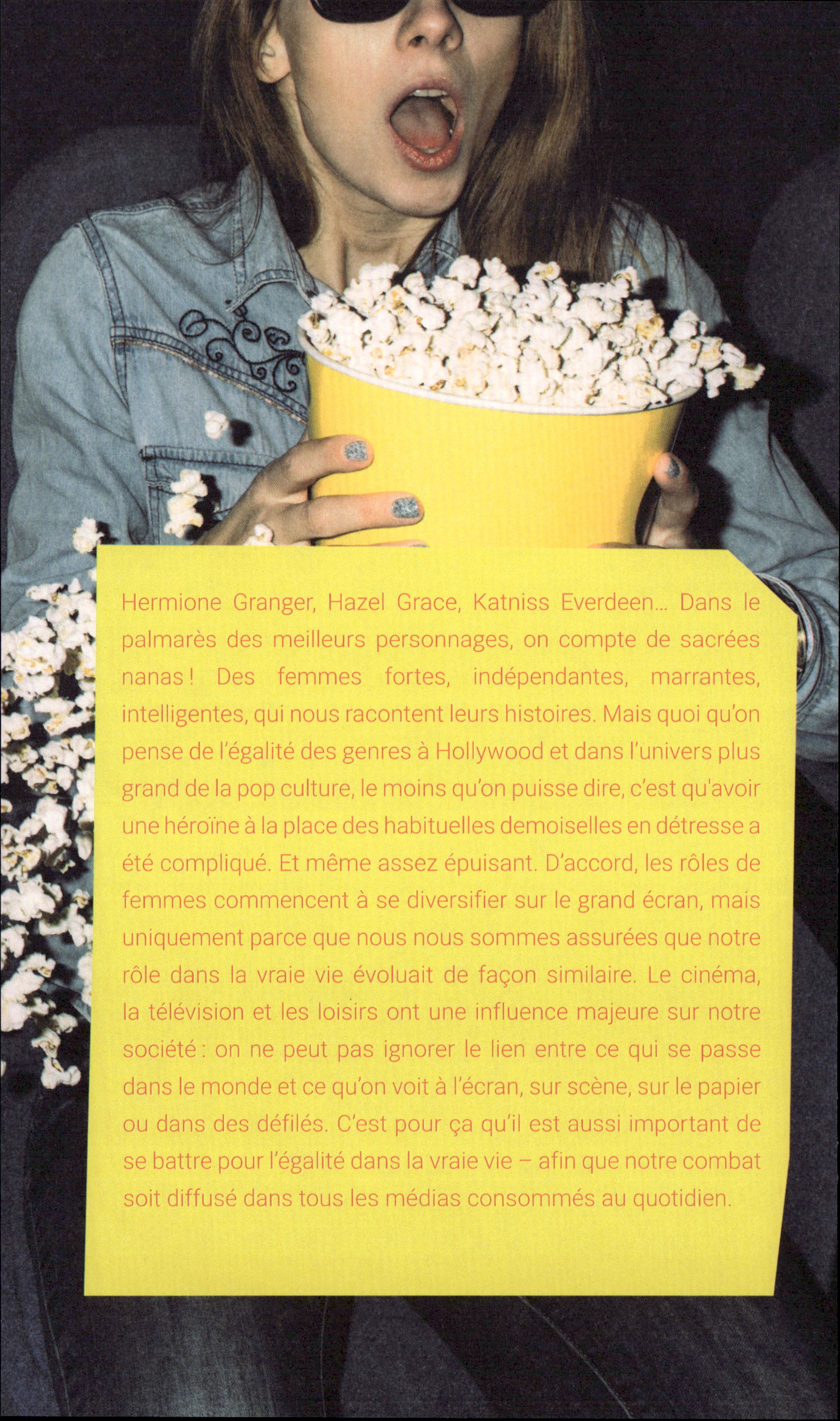

Hermione Granger, Hazel Grace, Katniss Everdeen… Dans le palmarès des meilleurs personnages, on compte de sacrées nanas ! Des femmes fortes, indépendantes, marrantes, intelligentes, qui nous racontent leurs histoires. Mais quoi qu'on pense de l'égalité des genres à Hollywood et dans l'univers plus grand de la pop culture, le moins qu'on puisse dire, c'est qu'avoir une héroïne à la place des habituelles demoiselles en détresse a été compliqué. Et même assez épuisant. D'accord, les rôles de femmes commencent à se diversifier sur le grand écran, mais uniquement parce que nous nous sommes assurées que notre rôle dans la vraie vie évoluait de façon similaire. Le cinéma, la télévision et les loisirs ont une influence majeure sur notre société : on ne peut pas ignorer le lien entre ce qui se passe dans le monde et ce qu'on voit à l'écran, sur scène, sur le papier ou dans des défilés. C'est pour ça qu'il est aussi important de se battre pour l'égalité dans la vraie vie – afin que notre combat soit diffusé dans tous les médias consommés au quotidien.

Dresse une liste de tes séries et de tes films préférés.
Que penses-tu des femmes à l'écran ?
Sont-elles représentées de la même façon que les hommes ?
Le casting est-il assez diversifié à ton goût ?
Quels sont tes personnages préférés, et pourquoi ?

Joséphine Goube

Œuvrer pour un monde meilleur, c'est possible ! Joséphine Goube, du haut de ses vingt-neuf ans, a participé au développement de Migreat, une plate-forme d'aide aux réfugiés. Depuis 2015, elle est P.-D.G. de l'entreprise sociale Techfugees. Son but est de mettre la technologie au service des ONG, pour faciliter l'intégration des migrants.
La jeune Française intègre la célèbre liste de Forbes *30 under 30* des personnalités les plus influentes en Europe, dans la catégorie « entrepreneur social ». Son mentorat pour les femmes travaillant dans le secteur des nouvelles technologies à Londres la propulse aussi dans le classement « Women at the top » du magazine *Marie Claire*.
« Personnellement, c'est flatteur et ça fait beaucoup de bien dans un monde où le travail des femmes n'est pas toujours reconnu. »
#continuecommeça

L'éducation
te donnera
DES AILES
flow
MINDFULNESS
ENGLISH EDITION

« Il n'existe aucun endroit sur terre où les femmes ont autant d'opportunités que les hommes.

AUCUN.

Mais la situation
des femmes et des filles
des pays pauvres
est encore pire que celle
de leurs homologues
des pays plus riches. »

girlscount.one.org

#girlscount

BOUM !

130 MILLIONS DE FILLES DANS LE MONDE SONT PRIVÉES D'ÉDUCATION.

D'accord, les devoirs ce n'est pas toujours marrant, mais le droit à l'éducation change des vies : en brisant le cycle de la pauvreté, il protège les filles de mariages forcés ou précoces. Quand les femmes reçoivent une éducation, elles sont moins vulnérables à la maladie, moins susceptibles de se marier jeunes et de subir des complications importantes lors de la grossesse. Elles ont plus de chances d'avoir des enfants en bonne santé qu'elles enverront ensuite à l'école.

«

Un enfant, un professeur, un livre et un stylo peuvent changer le monde. L'éducation est la seule solution. L'éducation avant tout.

»

— Malala Yousafzai

Elle n’a pas dit son dernier mot.

Malala Yousafzai n’avait que onze ans quand elle a créé un blog. Elle y parlait de son engagement passionné en faveur de l’éducation des filles et de ses craintes de voir son école pakistanaise attaquée. Peu après, elle a révélé son identité dans un documentaire pour le *New York Times*. Elle avait quinze ans quand, alors qu’elle rentrait de l’école, un membre masqué des Talibans a pris d’assaut le bus scolaire dans lequel elle était, l’a appelée par son nom et lui a tiré une balle dans la tête. Elle n’a survécu que par miracle.

La nouvelle a été diffusée dans le monde entier. En quelques semaines, une pétition pour le droit à l’éducation a récolté plus de deux millions de signatures et, au Pakistan, l’Assemblée nationale a ratifié le premier projet de loi en faveur de l’instruction gratuite et obligatoire. Malala continue de se battre pour sensibiliser le public aux impacts sociaux et économiques de l’éducation des filles.

Depuis, elle a reçu le prix Nobel de la paix, dont elle a consacré la récompense de plus de 500 000 dollars à la création d’un collège et lycée pour filles au Pakistan.

YES
SHE
CAN

« Peu importe d'où on vient, nos rêves ont de la valeur. »

Lupita Nyong'o

Actrice, réalisatrice et productrice, la talentueuse Lupita Nyong'o accumule les prix prestigieux dont un Oscar pour son rôle dans *12 Years a Slave* ! En 2016, elle est devenue ambassadrice de l'organisation WildAid qui lutte contre le braconnage.

« Il n'y a rien de plus triste qu'une fille jouant les idiotes pour plaire à un garçon. »

Emma Watson

Emma Watson a fait fureur dans le rôle d'Hermione Granger, mais savais-tu qu'elle est également diplômée en littérature et professeure certifiée de yoga et de méditation ? Oh, et elle est aussi ambassadrice de bonne volonté pour les Nations Unies, un poste qui lui a permis de lancer le mouvement coup de poing #HeForShe.

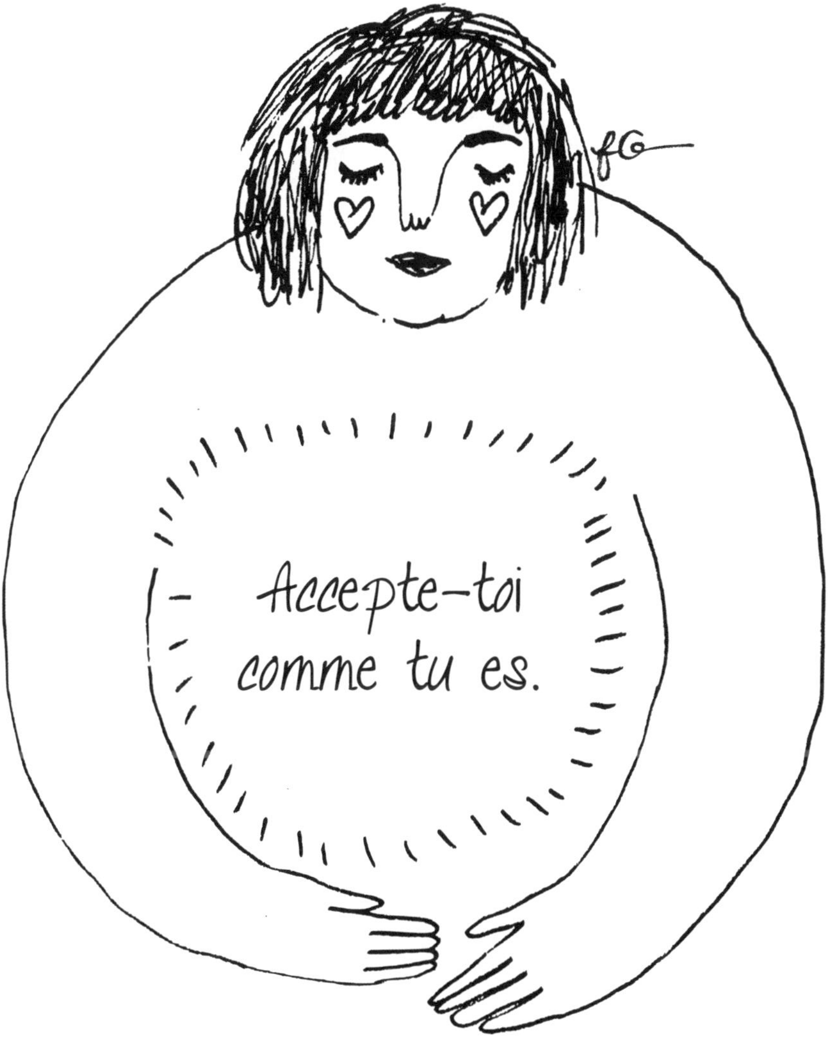
Accepte-toi
comme tu es.

N'AIE PAS
PEUR
D'ÊTRE
LA PLUS
FUTÉE.

« Je n'ai jamais séché les cours. J'adorais recevoir de bonnes notes. Être intelligente. Ponctuelle. À mes yeux, il n'y avait rien de plus cool. »

Michelle Obama

Ex-Première dame des États-Unis, Michelle Obama est une auteure et une avocate américaine, un modèle pour les femmes ; elle milite aussi pour la sensibilisation du plus grand nombre à la pauvreté.

As-tu déjà eu des réticences à lever la main
en classe ? As-tu persévéré malgré tout ?
Est-ce que ça t'a tranquillisée ?
Qu'as-tu ressenti ?
Cela t'a-t-il donné le courage
de t'exprimer plus souvent à l'école ?

Claudine Hermann

Quand on te dit « femme scientifique », tu penses peut-être à Marie Curie, bien évidemment… Mais encore ?

Claudine Hermann, voulant donner d'autres exemples plus accessibles, incite les filles à investir les activités scientifiques par le biais de conférences et d'articles. Cette physicienne française a été la première femme nommée à un poste professoral à l'École polytechnique en 1992. Rien que ça !

Depuis, elle a co-fondé l'association Femmes & Sciences et, sensibilisée au manque de femmes dans ces secteurs, elle est très engagée dans les actions institutionnelles. Elle est membre du jury du prix Irène-Joliot-Curie qui récompense les femmes se distinguant dans la recherche et la technologie en France.

Ouvre la voie

Gravir des sommets n'est facile pour personne, et encore moins pour les femmes. Souvent, elles sont jugées plus durement, selon des critères différents, et leurs réussites ne sont pas récompensées à leur juste valeur. Pourquoi ?

La société apprend aux femmes à sous-estimer leurs capacités, à ne pas faire de vagues, à négocier leur salaire avec prudence, à endurer toutes sortes de mauvais traitements et à se satisfaire d'avoir un emploi, sans chercher à grimper les échelons. Et la réticence tenace des entreprises à confier de hautes responsabilités aux femmes n'arrange rien.

Certains pensent que nous n'avons pas les épaules assez solides et que nous manquons d'expérience pour diriger des pays ou des entreprises multimilliardaires. Pitié ! Pour que les jeunes filles partout dans le monde trouvent le courage de réaliser leurs ambitions, nous devons mettre en avant les femmes qui occupent d'ores et déjà des positions de pouvoir. Il faut se faire entendre, prendre place parmi les décisionnaires, aussi récalcitrants soient-ils, et fracasser les plafonds de verre qui voudraient nous empêcher de nous élever.

« Cet ultime plafond de verre nous a résisté une fois encore. Mais plus pour longtemps. »

—Hillary Clinton

Connais-tu les pays qui ont déjà été dirigés par une femme ? En voici quelques-uns :

AUSTRALIE
ALLEMAGNE
ARGENTINE
BANGLADESH
LITUANIE
BRÉSIL
KOSOVO
DANEMARK
CORÉE DU SUD
SÉNÉGAL
NORVÈGE
LETTONIE
CHILI
MALTE
SUISSE
POLOGNE
CROATIE
SLOVÉNIE
TAÏWAN

DIRIGER LES COMMUNAUTÉS

Dans les communautés de taille réduite ou rurales, les femmes qui disposent d'un pouvoir de décision ont un impact énorme sur l'éducation et l'économie. Tout le monde profite des bénéfices qu'elles créent, fussent-ils sociaux ou médicaux. En Australie, les femmes des communautés aborigènes sont souvent à l'origine de projets pour améliorer la vie des nombreuses familles avoisinantes. Statistiquement, les femmes aborigènes ont de meilleures chances de finir le lycée que leurs homologues masculins, et sont donc plus susceptibles d'occuper des postes à responsabilité.

AMPLIFICATION !

Savais-tu que, durant la présidence d'Obama, les femmes de son équipe ont élaboré une stratégie pour éviter d'être laissées sur le carreau ? Eh oui, rien que ça. Casser les habitudes d'une administration principalement dominée par les hommes, voilà qui n'était pas gagné. Alors, pour être certaines que leurs idées soient entendues, ce groupe de femmes a mis au point « l'amplification ». Comment ça marche ? Dès que l'idée d'une femme était interrompue ou ignorée par un congénère masculin, les autres femmes se mettaient à la répéter jusqu'à ce qu'elle ait été réellement entendue et remarquée. Ainsi, les mecs n'avaient pas d'autre choix que de l'écouter et de la prendre en compte.

Lors d'un entretien avec le *Washington Post*, Valerie Jarrett, une ancienne conseillère de la Maison-Blanche, a expliqué les bienfaits de cette stratégie : « On peut dire qu'au début, il y avait beaucoup de testostérone dans l'air. Maintenant on a davantage d'œstrogènes pour faire contrepoids. » Eh, il faut bien commencer quelque part !

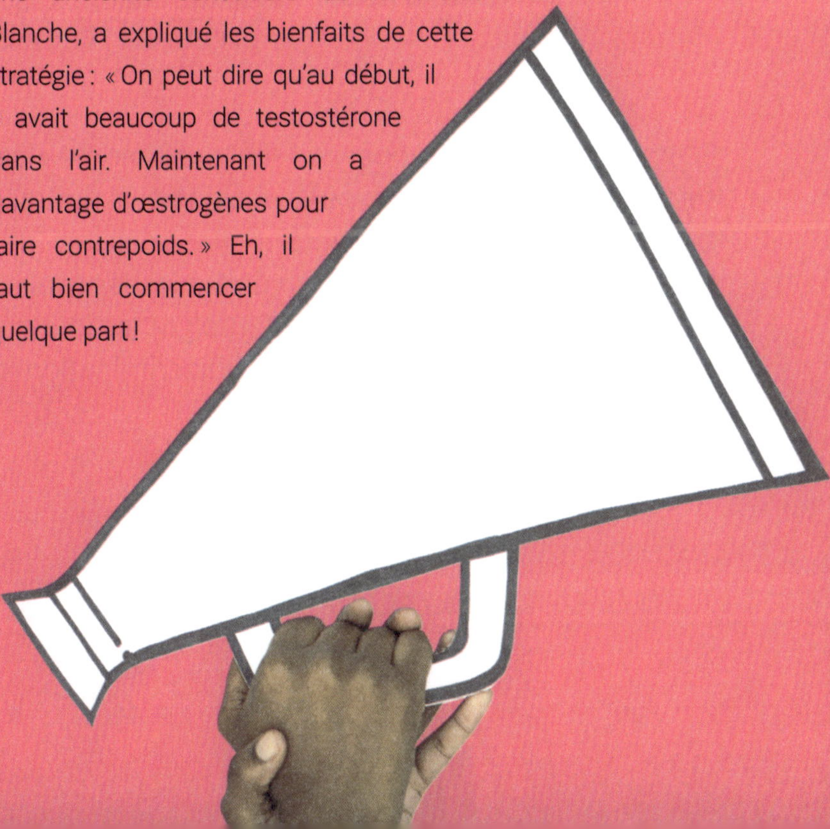

« [Mon] parcours était semé d'embûches, mais c'était mal me connaître que d'imaginer que j'abandonnerais la partie dès les premiers obstacles. Pourtant, ceux-ci n'ont pas manqué. »

Simone Veil

Et les obstacles, Simone Veil les a surmontés sans se laisser démonter ! Deuxième femme à rentrer au gouvernement français en tant que ministre de la Santé en 1974, c'est à elle qu'on doit la loi dépénalisant le recours à l'IVG, ce qui en fait, malgré les critiques, une héroïne de la lutte contre la discrimination des femmes.
#MonCorpsMonChoix

Le monde

est à toi !

« D’une manière générale, j’admire les femmes courageuses, fortes mais aussi pleines de fantaisie. Je considère toutes les femmes comme des sœurs. Et je sens une réelle réciprocité de ce sentiment. Je reçois un grand soutien de la part des femmes qui m’écoutent ou qui viennent se faire interviewer dans *La Poudre*. Je choisis toujours des personnalités que j’aime et que j’ai vraiment envie d’entendre. »

Lauren Bastide

Ancienne rédactrice en chef du magazine *Elle*, Lauren Bastide est passée par la télé avant de se recentrer sur la voix, et plus particulièrement celle des femmes, qu’on n’entend pas assez. Avec son studio de podcast, « Nouvelles Écoutes », elle produit *La Poudre* et reçoit des femmes inspirantes pour parler de leur parcours.

TU ES L'HÉROÏNE DE TA VIE.

Sois la meneuse que tu aimerais suivre.

Quelles sont les qualités d'un bon chef ?
Dresse une liste.

Maintenant, entoure les qualités traditionnellement associées aux hommes, et souligne celles qui sont traditionnellement associées aux femmes. Qu'est-ce qui cloche ?

As-tu déjà voulu devenir déléguée de classe ou membre du CA de ton école ?
Si oui, quels seraient tes arguments pour être élue ?
Quelles problématiques te tiennent à cœur ?

Parfois, sans qu'on s'en rende compte, la façon dont nous considérons les filles se déforme.
T'es-tu déjà surprise à penser que les garçons étaient meilleurs que les filles dans certains domaines ?

Cite les femmes fortes
que tu admires le plus.

DÉESSES des temps modernes

BOUM !

EN EUROPE, LE FOOTBALL A ÉTÉ JUGÉ « NOCIF POUR LES FEMMES » PENDANT PRESQUE 60 ANS ! LES FÉDÉRATIONS ONT FINI PAR RECONNAÎTRE LE FOOTBALL FÉMININ DANS LES ANNÉES 1970.

Penny Cula-Reid est une athlète australienne. Quand elle avait quatorze ans, elle s'est rendu compte qu'elle ne pourrait pas continuer à jouer au football américain contre les garçons. Qu'à cela ne tienne, elle a pris les choses en main. Accompagnée de deux amies, Penny est allée au tribunal des questions civiles et administratives de l'État de Victoria, histoire de leur montrer le manque de transition entre le football junior et le football féminin. Plus tard, un juge a décidé que les filles pourraient jouer contre les garçons jusqu'à l'âge de quatorze ans au lieu de douze, et a nommé une femme en tant qu'agent de développement afin d'établir un championnat pour les jeunes filles.

« Lorsque je regarde en arrière et que je vois tout ce qu'on a accompli, simplement parce qu'on ne s'est pas laissées faire, ça me fait vraiment plaisir. »

– Penny Cula-Reid

L'INFO FÉMINISTE

EN 600 AV. J.-C., LES HÉRAIA DE LA GRÈCE ANTIQUE ÉTAIENT LES PREMIERS CONCOURS DE GYMNASTIQUE EXCLUSIVEMENT FÉMININS. POURTANT, IL A FALLU ATTENDRE 1900 POUR QUE LES FEMMES AIENT LE DROIT DE PARTICIPER AUX JEUX OLYMPIQUES !

COURS
comme une fille
LANCE
comme une fille
BATS-TOI
comme une fille

En 1962, à tout juste vingt ans, Kathrine Switzer a été la première femme à participer officiellement au marathon de Boston, aux États-Unis, inscrite sous le nom de « K. V. Switzer ». Sa course historique a failli être gâchée par Jock Semple, un membre officiel de la course, qui a tenté de la traîner hors du circuit. Heureusement, d'autres coureurs sont intervenus et ont permis à Kathrine de finir le marathon. Les photos de cet événement font partie des images les plus recherchées sur Internet.

« Je ne suis pas le prochain Usain Bolt ou Michael Phelps. Je suis la première Simone Biles. »

Simone Biles

Simone Biles est la gymnaste américaine la plus médaillée de tous les temps ! En 2016, elle a fait remporter la médaille d'or aux « Final Five », l'équipe olympique féminine de gymnastique des États-Unis.

« Ne craignez pas de voir grand, osez vivre, tentez, échouez, recommencez. Il n'y a que comme ça que vous connaîtrez le succès. La vie est parfois dure, elle nous bouscule et nous frappe en pleine tête, mais chaque succès vaut la peine et les souffrances endurées en amont. N'abandonnez pas, car le meilleur vient forcément ! »

Alexandra Recchia

Alexandra Recchia est une karatéka française spécialisée dans le *kumite* (combat conventionnel). Elle a été sacrée championne du monde à deux reprises, en 2012, puis 2016 ! Elle est par ailleurs avocate spécialiste du droit du travail. Son leitmotiv ? « Dur, ce n'est pas assez ! »

L'union
fait
la force.

« Celles qui comprennent, qui s'insurgent, ne doivent pas se lasser. Nous ne devons pas baisser les bras. Nous devons persister. »

Wangari Maathai

Wangari Maathai est une militante kenyane, lauréate du prix Nobel, saluée notamment pour sa contribution au développement durable.

Quelles femmes incroyables font partie de ta vie ?
Cherche parmi tes professeurs, grands-mères,
belles-mères, mère, sœurs ou tantes.
Quelles sont leurs particularités qui t'inspirent ?
Les talents et les qualités
que tu admires le plus chez elles ?

....

m'inspire parce qu'elle

....

....

m'inspire parce qu'elle

....

....

m'inspire parce qu'elle

....

....

m'inspire parce qu'elle

....

« Cette génération va sauver le monde, j'en suis convaincue ! Les adolescentes obligent les gens à prendre leurs responsabilités. Elles disent ce qu'elles ont à dire, et savent se faire entendre. »

Katy Perry

Des feux d'artifice dans le ventre, des yeux de tigre, Katy donne le ton ! S'il y a eu une époque où la célèbre chanteuse niait être féministe, elle s'est rendu compte depuis de l'importance de l'égalité entre les sexes, au point d'avoir été récemment soutenue par la militante féministe Gloria Steinem. En 2016, elle était aussi l'une des partisanes les plus ferventes d'Hillary Clinton lors des élections présidentielles des États-Unis.

Maintenant que tu as identifié les femmes qui comptent le plus à tes yeux, que dirais-tu d'avoir une conversation avec l'une d'entre elles, voire avec toutes ? Pose-leur des questions sur leurs vies de femmes. En quoi les choses étaient-elles différentes lorsqu'elles avaient ton âge ? Comment voyaient-elles l'avenir ? Quels conseils voudraient-elles donner aux adolescentes ?

« Ma mère a eu une vie aux antipodes de la mienne. Elle a commencé à se battre très jeune pour l'égalité des droits. Parce qu'elle a grandi dans une société d'hommes blancs, l'adversité qu'elle a affrontée de nombreuses fois l'a poussée à m'insuffler des valeurs féministes tenaces. Elle s'est démenée pour que je devienne une adulte confiante, pour que je sache qu'aucun rêve n'est hors de ma portée. Fait intéressant, le mannequinat est l'une des rares industries où les femmes ont parfois l'avantage sur les hommes. Elles ont plus d'offres d'emploi et s'en sortent mieux sur le plan financier. Ma couleur de peau m'a peut-être valu des différences de traitement quand j'étais enfant, mais à présent, en tant que femme, j'ai la sensation d'être sur un pied d'égalité, d'avoir le contrôle. J'adore être en relation avec des jeunes filles et les encourager à prendre confiance en elles. C'est le message le plus important que ma mère m'ait transmis. Elle est tout pour moi. Dans ce monde sans cesse en train d'évoluer, ce sont ses expériences de vie qui me poussent à donner le meilleur de moi-même. »

Samantha Harris

Samantha, australienne, est mannequin et ambassadrice pour le Centre National de l'Excellence Indigène (NCIE).

« Le succès d'une femme devrait servir d'inspiration à une autre. On doit se tirer vers le haut. Ne manquez pas de courage : soyez fortes, soyez bienveillantes et, avant tout, soyez humbles. »

Serena Williams

Grâce à ses dons et à sa ténacité, Serena s'est taillé une réputation : celle de l'une des meilleures joueuses de tennis de tous les temps.

Être
une fille
est un
superpouvoir.

« Pour moi, le féminisme a pour but de soutenir les choix des autres femmes, même s'ils diffèrent des vôtres. Qu'il s'agisse de leurs choix vestimentaires, de leur façon de s'exprimer ou du genre de personnes qu'elles fréquentent. Plus on se lie d'amitié avec tous types de femmes, plus on enrichit sa propre expérience de vie. Le but du féminisme, c'est de se démerder comme on a choisi de le faire, et sans s'excuser. Ce n'est pas dégueulasse d'avoir ses règles. Les mecs ne sont pas nés pour nous diriger. Tu n'es pas grosse. Tu es géniale. #féminisme. »

Georgia Clark

Quand l'auteure australienne Georgia Clark a écrit son livre *The Regulars*, elle ne soupçonnait pas qu'il deviendrait un best-seller international. À présent, elle vit à New York, où elle travaille sur son prochain roman.

Moi et les filles

On ferait n'importe quoi pour nos meilleures amies. Elles nous offrent une épaule pour pleurer quand tout va mal, elles sont nos complices quand c'est la folie et elles nous prêtent toujours une tenue de secours quand on n'a rien à se mettre. Rien de surprenant si ces amies du tonnerre forment notre équipe, notre groupe, notre bande de filles.
Les bandes de filles PEUVENT être une chose positive et fabuleuse. Mais le plus important pour que ça marche, c'est de se soutenir les unes les autres, sans chercher à se couper l'herbe sous le pied.

QUALITÉS D'UNE MEILLEURE AMIE

1. Elle trouve toujours le moyen de me faire rire.
2. Je peux tout lui dire.
3. Elle ne me juge jamais.
4. Elle me soutient à 100 %.
5. Elle me comprend.
6. On partage nos victoires.
7. C'est ma plus grande fan.
8. Elle a toujours du temps pour moi.
9. Avec elle, les choses ordinaires deviennent extraordinaires.
10. Elle me dit toujours la vérité.

Quelle place tient ta meilleure amie dans ta vie ?
Pourquoi ne pas lui écrire une lettre pour la remercier d'avoir toujours été là pour toi ?
Quels sont les moments les plus drôles que vous ayez partagés, ou les périodes les plus difficiles que vous ayez surmontées côte à côte ?

Ce n'est jamais marrant de perdre des amies, mais parfois, quand on grandit, nos chemins se séparent naturellement. Ce sont des choses qui arrivent. Y a-t-il des personnes dont la présence te manque ? Que leur dirais-tu si tu avais la possibilité de discuter à nouveau avec elles ?

« Ma bande »
= FAMILLE
= on n'abandonne
personne.

Fixe-toi des buts. Petits ou grands, à propos de l'école, de tes amis, de ta famille ou de quelque chose de personnel que tu voudrais accomplir. La première étape, c'est d'avoir un plan.

Une fois tes buts en tête, recherche un mentor. Ça peut être une super prof, parente, voisine, une grande sœur, une entraîneuse, une collègue, une patronne ou une amie.

Entoure-toi de gens bien. Le malheur aime la compagnie, et il n'y a rien de plus épuisant que d'avoir des personnes malsaines dans son entourage. Coupe les ponts. Rapproche-toi de personnes qui te rendent heureuse. Trouve ta bande.

Tu n'as pas à t'excuser d'avoir des rêves, des désirs et de penser par toi-même.

Apprends de tes échecs. Ne les prends pas trop à cœur, essaie d'en tirer quelque chose et va de l'avant : tu en sortiras plus futée, plus forte.

Personnes à impressionner :

1. Toi maintenant.

2. Toi à quatre-vingts ans.

La vie est faite pour les amies et les Grandes Aventures !

« La solidarité féminine est si fondamentale lorsqu'on grandit que je pense sincèrement qu'elle devrait être enseignée à l'école. Mais souvent, les "bandes de filles" représentées dans les médias sont à l'opposé de cet idéal. Le féminisme et l'amitié sont censés être inclusifs, alors que la plupart de ces "bandes" sont strictement exclusives. »

Rowan Blanchard

Rowan Blanchard est surtout connue pour son rôle dans *Le Monde de Riley*, mais si on l'adore un peu plus chaque jour, c'est surtout pour ses fermes prises de position en faveur du féminisme, des droits LGBTQI et contre le racisme.

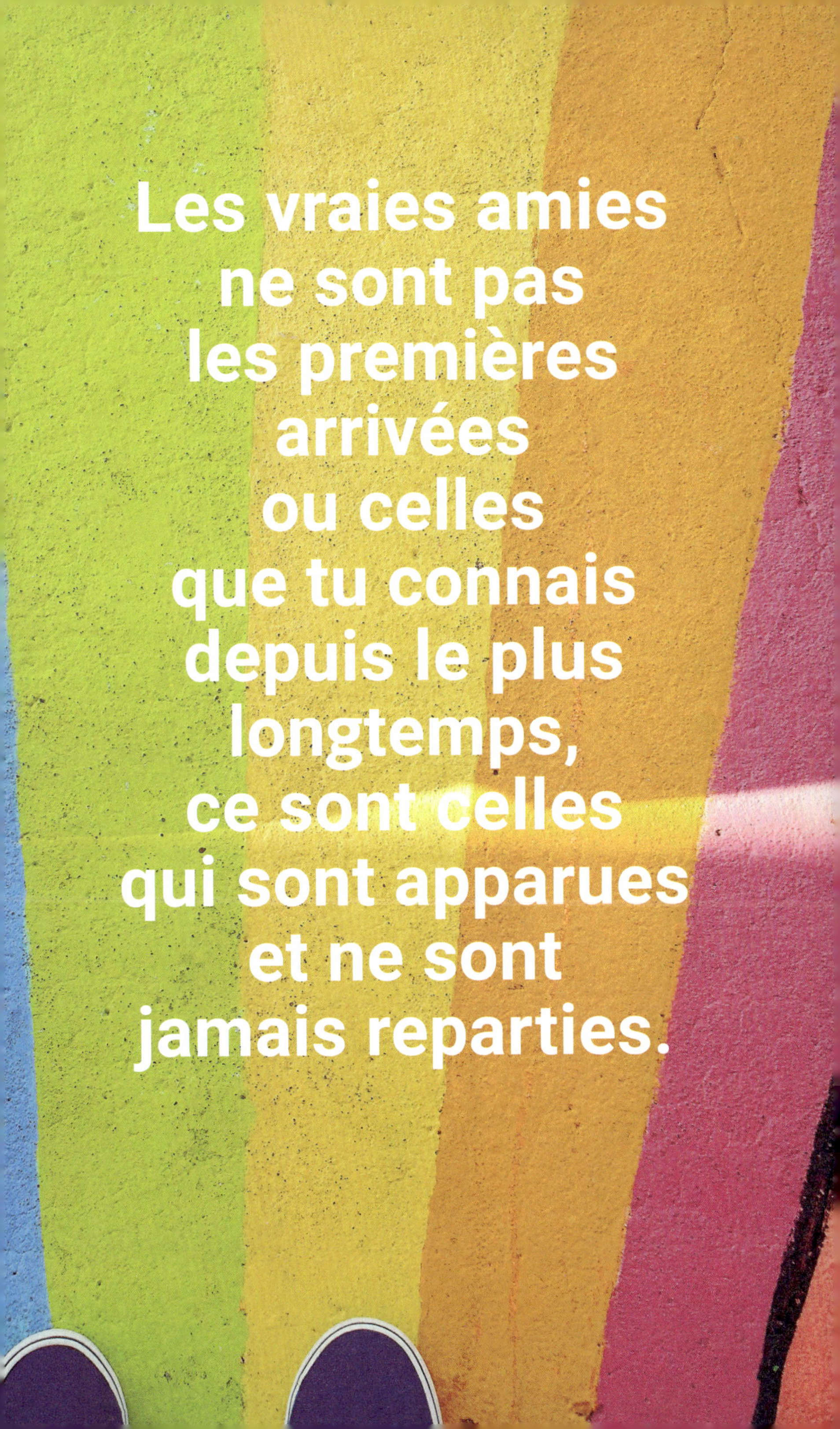
Les vraies amies
ne sont pas
les premières
arrivées
ou celles
que tu connais
depuis le plus
longtemps,
ce sont celles
qui sont apparues
et ne sont
jamais reparties.

**« Il me semble que,
autant que les hommes,
les femmes ont le droit
et le devoir de faire quelque
chose de leur vie ; nous
ne nous contenterons
pas de ce rôle secondaire
auquel vous voudriez nous
restreindre. »**

Louisa May Alcott

Louisa May Alcott a écrit *Les Quatre Filles du docteur March*, un classique dans la littérature pour jeunes adultes. Cette auteure de talent était également féministe et abolitionniste.

Q : C’est quoi
ta passion
dans la vie ?

R : PROTÉGER
TOUTES LES
FILLES DU
MONDE.

« Ça me fait toujours quelque chose de voir une femme dominer dans un monde d'hommes. Ça exige de la grâce, de la force, de l'intelligence, du courage, et de ne pas se laisser intimider par des portes closes. »

Rihanna

Qui n'aurait pas envie de s'abriter sous son parapluie ? La célèbre chanteuse est une fervente féministe. Elle a même protesté devant la Trump Tower lors de la Marche des Femmes de New York.

Si tu pouvais dîner avec cinq femmes dans le monde, n'importe lesquelles, qui choisirais-tu et pourquoi ? C'est la bande de tes rêves ! Pense à des amies, à des membres de ta famille, à des célébrités, des politiciennes, des militantes, ou des femmes à travers l'histoire...

1

2

3

4

5

LES FEMMES REMARQUABLES

Amandine Gay

Ouvrir la voix, c'est le titre du documentaire autofinancé qu'Amandine Gay a réalisé. La comédienne à qui on ne proposait que des rôles stéréotypés a décidé de cesser sa carrière pour passer de l'autre côté de la caméra en 2016. C'est l'occasion de donner la parole aux femmes noires en France, qui vivent une double discrimination. Dans un désir de transmission, Amandine Gay met en avant des femmes aux parcours exceptionnels et variés, des filles qui vivent leur vie.
Son objectif ? Que chacun puisse s'y reconnaître, quelle que soit sa couleur de peau et son orientation sexuelle !

SI TON CORPS A DES COURBES, AFFICHE-LES !
IL N'Y A PAS DE MAUVAISE FAÇON D'AVOIR UN CORPS.
APPRÉCIE TES DIFFÉRENCES.
ARRÊTE DE TE CRITIQUER.
TON POIDS NE DÉTERMINE PAS TA VALEUR !
LA BEAUTÉ DES AUTRES NE DIMINUE PAS LA TIENNE.
TOUS LES CORPS SONT BEAUX.
TU ES UNE PERSONNE ENTIÈRE, PAS UN ENSEMBLE DE PARTIES.
LE STYLE N'A PAS DE TAILLE.
ÊTRE BIEN DANS SA PEAU EST LA CLEF DE LA CONFIANCE EN SOI.
TU ES PLUS QU'UN CHIFFRE SUR UNE BALANCE.

Tout le monde
n'aime pas le sport.

Tout le monde
ne veut pas des abdos.

Tout le monde
n'est pas accro à la
salade.

Et c'est normal.

Ah là là, qu'est-ce qu'on a fait pour mériter tous ces critères de beauté impossibles ? À force d'être entourées de photos retouchées, on a parfois l'impression que c'est « la loi de la plus jolie » qui régit notre quotidien. La perfection physique ne nous a jamais tant obsédées. Résultat, un amour-propre au ras des pâquerettes et un tel niveau d'autocritique qu'on dirait un sport olympique. Mais à quoi bon pourchasser ces idéaux de beauté et de corps parfaits ? Alors oui, on ne doit pas arrêter soudain de se brosser les cheveux ou de se maquiller si on en a envie, mais si on le fait, c'est pour notre propre plaisir, pas parce qu'on a l'impression d'y être obligée, ou que se faire belle pour les autres est un devoir (et si c'était déjà ton raisonnement, bien joué).

Nous sommes toutes uniques. Nos courbes, nos petits bourrelets, nos corps qui changent et même la forme de notre squelette contribuent à nous rendre spéciales. Et pour ça, ils méritent d'être aimés. Bien sûr, ce n'est pas toujours évident d'accepter ses particularités physiques, surtout quand d'autres voudraient tout nous dicter. Comment s'habiller, comment agir, à quoi ressembler et comment percevoir notre propre corps. Pour leur résister, il faut avant tout porter un regard bienveillant sur soi-même. Pourquoi ? Parce que rien ne vaut l'amour-propre et l'acceptation de soi. Il n'en découle que de bonnes choses. L'important est d'apprendre à aimer ce qui nous définit, à respecter notre corps et à célébrer les différences physiques. À s'aimer et à aimer les autres.

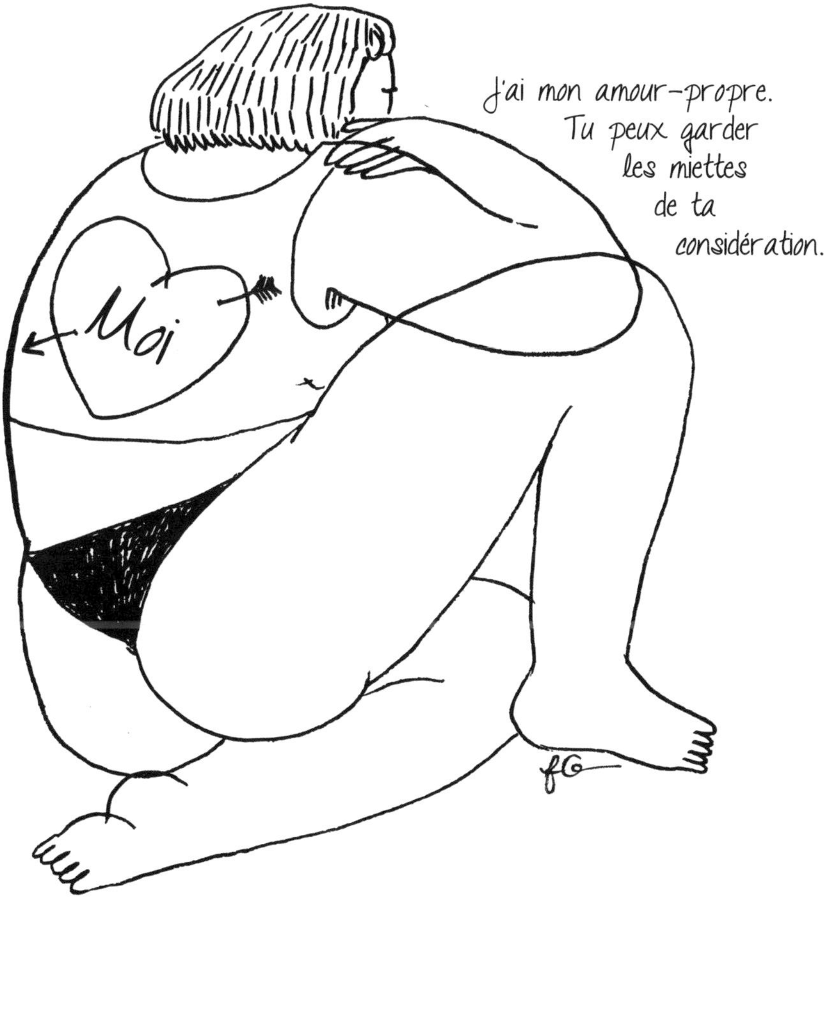
J'ai mon amour-propre.
Tu peux garder
les miettes
de ta
considération.
Moi

« Tous les types de corps devraient être célébrés. La beauté n'a pas de forme. »

Gabi Gregg

Plus communément célèbre sous le nom de Gabi Fresh, cette blogueuse est mondialement connue comme mannequin grande taille et super calée en mode. Gabi a commencé son blog à la fin de ses études, alors qu'elle peinait à trouver un premier emploi. Depuis, elle a créé sa propre marque de maillots et est suivie par des centaines de milliers d'abonnés.

#jedisça

Tu t'es déjà demandé pourquoi les filles devaient épiler, raser, teindre, pomponner ou comprimer l'intégralité de leur corps alors que, pour les garçons, c'est une douche et n'en parlons plus ? Conséquences de ces deux poids deux mesures, les filles se remettent davantage en question et sont poussées à dépenser de l'argent pour des produits dont elles n'ont pas vraiment besoin, en plus de passer des heures face à un miroir. Mais que la confiance des filles dépende de leur apparence, quel cadeau pour l'industrie de la beauté !

Si nous décidions toutes du jour au lendemain que nous n'avions pas l'utilité de tout ça, imagine le nombre d'industries qui mettraient la clef sous la porte !

BOUM !

DANS UNE SOCIÉTÉ QUI TIRE PROFIT DE TES COMPLEXES, T'AIMER TELLE QUE TU ES EST UN ACTE DE RÉBELLION.

LA SILHOUETTE,
LA TAILLE,
LA COULEUR DE PEAU,
LES TACHES DE ROUSSEUR,
LES VERGETURES,
LES GRAINS DE BEAUTÉ,
LES FOSSETTES,
LES POILS SOMBRES, CLAIRS OU FINS…
TOUTES CES PARTICULARITÉS
NOUS DISTINGUENT,
NOUS RENDENT BELLES
ET UNIQUES.

« Ne me colle pas une étiquette sur le front sous prétexte que j'ai des dreads et des tatouages. Ne décrète pas que je dois être une hippie. Moi, je ne "dois être" rien du tout, pour personne. Je suis humaine. Je ferai des erreurs. Je changerai d'avis. J'aviserai au fur et à mesure. Je veux que les gens voient en moi quelque chose d'authentique, de vrai et de réaliste. Tu n'es pas obligée de devenir une star de cinéma. Ou de te lisser les cheveux. D'être la petite amie, la copine, la fille mignonne ou la fille sexy. Tu peux être toi-même, point, et les gens vont le voir et ils vont t'adorer. C'est comme ça que tu réussiras dans la vie, mentalement et physiquement. »

Sasha Lane

Sasha est diplômée en psychologie et en sciences sociales. Autant dire que le jour où un chasseur de talents l'a remarquée sur la plage et l'a castée dans *American Honey*, un film largement récompensé, sa vie a été chamboulée. Depuis, Sasha s'exprime ouvertement sur la santé mentale, le féminisme et la représentation irréaliste de nos corps dans les médias.

TOI : LE MAQUILLAGE, C'EST DE LA PUBLICITÉ MENSONGÈRE.

MOI : C'EST MARRANT, JE NE SUIS PAS UN PRODUIT ET JE N'AI RIEN À TE VENDRE.

aviolafyre.tumblr.com

Quand te sens-tu au meilleur de toi-même ?

Les clefs d'un régime réussi

1. Fais la liste de toutes les personnes à qui ton poids pose problème.

2. Raye-les de ta vie.

3. Sentiment de légèreté instantané !

« Porter un regard bienveillant sur les autres nécessite de commencer avec soi. C'est mon grand espoir pour les femmes. Que nous arrêtions de nous montrer si dures envers nous-mêmes et envers les autres... Trop grosse, trop maigre, trop petite, trop grande, trop tout et n'importe quoi. On est toujours "trop" quelque chose, et jamais "assez". »

Emma Stone

Emma Stone a été récompensée par les Oscars, mais parmi tous les rôles qu'a joués cette actrice talentueuse, c'est celui d'Olive Penderghast, l'ado futée et indépendante d'*Easy Girl*, qui sera toujours notre préféré.
Le savais-tu ? Quand Emma a accepté son Oscar pour *La La Land*, elle portait une broche en soutien au Planning Familial, une organisation à but non lucratif qui aide les femmes à prendre le contrôle de leur sexualité.

Il n'y a
pas de bonne
ni de mauvaise
façon d'être
une fille.

Adorer la mode,
le style et la beauté
ne te prive pas du droit
de critiquer
la politique,
la culture et
la société.

« Techniquement, je ne fais rien de courageux. Je discute de mes complexes et j'apprends à m'aimer davantage, voilà tout. Ce n'est pas la mer à boire, pas vrai ? Un peu quand même. On a fait de nos corps un endroit où il est impossible de se sentir en sécurité. C'est pour ça que lorsque je m'assieds jambes croisées, certains y voient un acte de bravoure, simplement parce que j'affiche un type de corps rarement vu dans les médias. »

Kenzie Brenna

Kenzie Brenna est actrice et YouTubeuse, elle milite pour le Body Positive, un mouvement qui encourage les femmes à se sentir bien dans leur corps.

ARRÊTEZ DE
CRITIQUER
LES CORPS
DES FEMMES !

COMMENT S'HABILLER COMME UNE FILLE

Être une fille.

Enfiler littéralement n'importe quel vêtement.

Félicitations !
Tu es habillée comme une fille.

CE N'EST
PAS
LA PLACE
DE LA
FILLE
DANS LE
COMBAT,
C'EST
LA PLACE
DU COMBAT
DANS LA
FILLE.

« Passe moins de temps à te disséquer pour savoir si tu es à la hauteur. Tu es à la hauteur. »

Reese Witherspoon

Dans *La Revanche d'une blonde*, Elle Woods nous rappelle qu'une fille peut tout accomplir, quoi qu'en pensent sa famille, ses amis ou son petit ami. Et, pour ce rôle, on n'aurait pas pu rêver mieux que Reese.

Musclée ? Jolie !
Maigre ? Mimi !
Grosse ? Adorable !

TOUS LES CORPS SONT À CROQUER !

« Une chose primordiale que j'ai apprise dans ma vie, c'est l'importance de s'aimer. Quand je fais des discours de motivation ou quand je me dis que je devrais m'aimer (et on devrait s'aimer), j'ai conscience que ça paraît cliché, qu'on dirait un peu un slogan tumblr. Mais quand on prend le temps d'y penser, on se rend compte que beaucoup de gens ne s'aiment pas. »

Lilly Singh

Lilly est YouTubeuse, bloggeuse et écrivaine célèbre, en plus d'être une comédienne et une actrice hilarante. Tu connais peut-être le pseudo de cette talentueuse Canadienne : ||Superwoman||

Quels mots et quelles phrases utilises-tu pour décrire ton corps ? Et tes amies ?

Entoure les mots positifs et souligne les mots négatifs. Combien en comptes-tu dans chaque catégorie ?

Je suis entière comme je suis.

LES FEMMES REMARQUABLES

Estelle Mossely

Estelle Mossely est ingénieur en informatique. Mais ce n'est pas tout ! Elle mène aussi avec brio sa carrière sportive : à 24 ans, elle décroche la première médaille d'or olympique de l'histoire de la boxe française depuis l'introduction des compétitions féminines, lors des Jeux de Londres, en 2012.

Elle vient de créer l'Observatoire européen du sport féminin, afin de mieux répondre aux problématiques que rencontrent les femmes dans le sport. Elle milite notamment pour un accompagnement digne de ce nom pendant la grossesse.

Si tu avais encore besoin d'une preuve qu'on peut réussir en sport de combat comme dans les métiers scientifiques, la voilà !

He For She

Dans ce combat continu pour l'égalité des sexes, il semble naturel de vouloir voir les hommes et les garçons se proclamer féministes à leur tour. Mais entre un féminisme purement symbolique et une conviction et un engagement sincère, il y a une marge. Nous devons nous assurer que les hommes ne prennent pas le rôle du héros prêt à nous sauver du patriarcat. Ce qu'on leur demande, c'est d'être à nos côtés et de nous soutenir, comme nous le faisons pour eux et comme nous devrions le faire les unes pour les autres. Nous n'avons pas besoin que les hommes soient nos champions ; nous devrions plutôt devenir les championnes de tous les autres êtres humains, quels que soient leur genre, âge, taille, couleur de peau ou degré de privilège. En donnant aux garçons et aux filles des bases solides sur le féminisme et en apprenant aux hommes à respecter les femmes, nous contribuons à bâtir une société où tout le monde est enfin considéré de manière équitable.

«

La signification du féminisme, à mon sens, est de ne pas laisser notre genre définir notre identité. Tu peux être qui tu veux, que tu sois un homme, une femme, un garçon, une fille, qu'importe.

»

—Joseph Gordon-Levitt

NE SOIS PAS CE GENRE DE MEC

Il est important de rappeler aux hommes et aux garçons de notre entourage que DIRE qu'ils supportent l'égalité des droits ne suffit pas, si en parallèle ils s'attendent à ce que les femmes cuisinent, nettoient et s'occupent d'eux sous prétexte que « ça a toujours été comme ça ». Quand une fille s'énerve, ce ne doit pas être l'occasion d'une blague sur les hormones ou sur les règles. Quand une fille a un avis, elle n'a pas à se faire insulter. Quand une fille a un problème, elle n'a pas besoin qu'on se charge de le résoudre pour elle. On n'a pas besoin d'être sauvées. On peut faire ça toutes seules.

QUE PEUT-IL FAIRE, ALORS ?

Eh bien, plusieurs choses, en fait.
Voici quelques conseils que tu peux donner aux garçons.

Si on a un problème, écoute-nous.

Ne nous donne pas de conseils, sauf si on le demande.

Ne nous juge pas.

Discute avec tes amis de la façon dont ils s'adressent aux femmes ou parlent d'elles.
Se montrent-ils sexistes ?
Ayez une conversation, et remets les pendules à l'heure.

Ne sous-estime pas nos problèmes, et ne prétends pas avoir vécu des choses similaires ou les comprendre d'emblée.

Utilise tes privilèges à bon escient : dénonce les comportements sexistes quand tu les remarques.

Montre l'exemple.

Les gens de qualité n'ont pas peur de l'égalité.

AH QUE
LES FILLES
SONT
GÉNIALES
!

Il lui a promis le monde, mais elle avait déjà le sien.

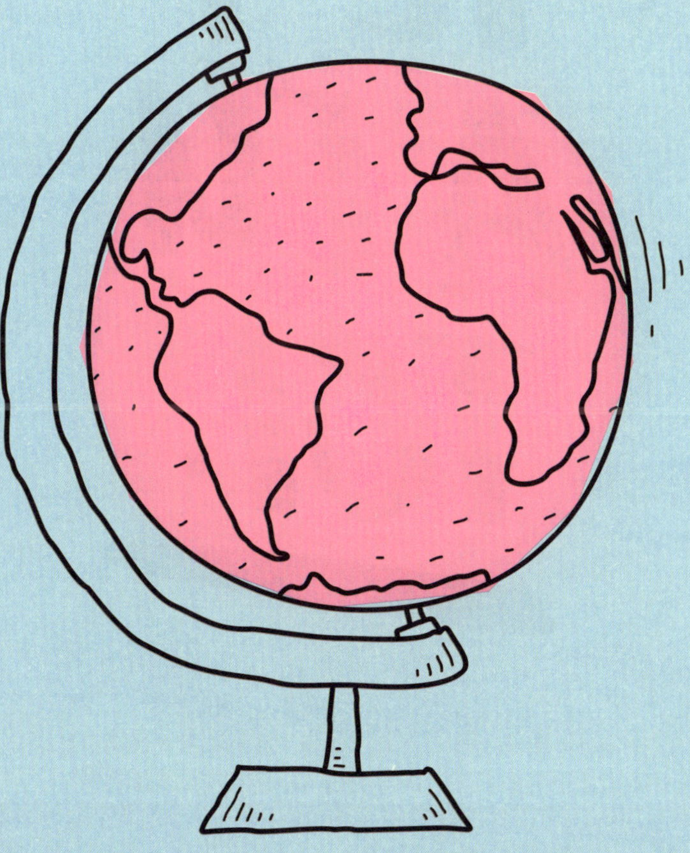

PUIS IL Y A EU TOI.

Ça y est ! Te voilà arrivée à la fin du livre. J'espère qu'il t'aura insufflé la confiance nécessaire pour participer au changement dans ce vaste monde. Inutile de se voiler la face : ce n'est pas un combat gagné d'avance. Du tout. Mais nous devons y participer si nous voulons obtenir l'égalité et la reconnaissance du fait que nous sommes toutes pareillement humaines, indépendamment de notre couleur de peau, sexe ou genre.

Beaucoup de gens proclameront que tout va déjà pour le mieux, qu'on en a fait assez. C'est faux. Le combat pour l'égalité des genres est loin d'être terminé, ne l'oublie pas.

Aie foi en toi et en la force que tu détiens parce que, jeune fille, personne ne peut t'arrêter.

«

Le futur appartient à ceux qui croient en la beauté de leurs rêves.

»

—Eleanor Roosevelt

MA BOÎTE À REMONTER LE TEMPS FÉMINISTE :

Trouve une boîte vide et remplis-la de choses qui te rappellent à quel point c'est génial d'être une fille. Qu'est-ce qui t'inspire ? Mets-y des citations percutantes, des photos de tes femmes préférées, des livres qui t'ont marquée et les conseils de tes meilleures amies. Si tu penses tenir le coup, range la boîte dans un coin et n'y touche pas pendant cinq ans ! Ton futur « toi » adorera ce petit cadeau.

Écris-toi un message qui vient du cœur. Marque le coup, c'est le dernier du livre.

DE : MOI

À : MOI

MESSAGE :

ALLONS CRÉER UN MONDE OÙ LES FEMMES N'ONT PAS LA VIE PLUS DURE QUE LES HOMMES.

À QUI M'ADRESSER ?

Que tu sois dans une mauvaise passe, que tu aies besoin de te confier ou juste envie de parler, tu peux t'adresser à des tonnes de services fantastiques qui t'offriront un soutien et des conseils adaptés. Cerise sur le gâteau, ils sont à ton écoute à n'importe quel moment. Que ce soient des préoccupations sur ta santé mentale, des questions sur ta santé physique, des astuces pour contrecarrer ceux qui te cherchent des ennuis, gérer la pression de l'école ou des problèmes à la maison, ces personnes sont là pour t'écouter et alléger le poids qui pèse sur tes épaules.

Voici quelques services de soutien complètement gratuits, qui pourront t'aider anonymement et en toute discrétion :

Fil Santé Jeunes,
www.filsantejeunes.com – 0800 235 236

Allô Enfance en Danger,
www.allo119.gouv.fr – 119

Net Écoute,
www.netecoute.fr – 0800 200 000

Le Planning Familial,
www.planning-familial.org – 0800 081 111

Glossaire

Cisgenre : quelqu'un dont le genre correspond au sexe assigné à la naissance.

Féminisme : la croyance et le désir de l'égalité entre les hommes et les femmes.

Genre : l'état social et culturel d'être homme ou femme.

Intersectionnalité : la façon dont la couleur de peau, la classe sociale, l'appartenance ethnique, la religion, l'orientation sexuelle ou la situation de handicap sont liées et affectent la manière dont des individus sont discriminés et oppressés.

LGBTQI : Lesbienne, Gay, Bisexuel, Transgenre, Queer et Intersexe. Certaines personnes utilisent également le Q pour dire « en Questionnement ».

Non-binaire : quelqu'un qui ne se considère ni homme ni femme.

Patriarcat : le système dans lequel nous vivons, où les hommes sont privilégiés et détiennent généralement le pouvoir.

Privilège : quand certains groupes d'une société donnée ont l'avantage sur d'autres.

Sexisme : la notion que les femmes sont inférieures aux hommes.

Transgenre : quelqu'un dont le genre diffère du sexe assigné à la naissance.

Femmes de couleur : les femmes qui ne sont pas blanches ou d'un héritage européen.

SOUVIENS-TOI :
CE QUE TU DÉGAGES,
C'EST CE QUI ATTIRE
LES TIENS.

PAPIER À BASE DE FIBRES CERTIFIÉES

hachette s'engage pour l'environnement en réduisant l'empreinte carbone de ses livres. Celle de cet exemplaire est de :
400 g éq. CO_2
Rendez-vous sur www.hachette-durable.fr

« Pour l'éditeur, le principe est d'utiliser des papiers composés de fibres naturelles, renouvelables, recyclables et fabriquées à partir de bois issus de forêts qui adoptent un système d'aménagement durable. En outre, l'éditeur attend de ses fournisseurs de papier qu'ils s'inscrivent dans une démarche de certification environnementale reconnue. »

Achevé d'imprimer en Espagne par Industria Grafica Cayfosa
Dépôt légal 1re publication : octobre 2018
21.1933.4 – ISBN : 978-2-01-627007-3
Édition : 01 – Dépôt légal : octobre 2018
Loi n° 49-956 du 16 juillet 1949 sur les publications destinées à la jeunesse